LE BILAN FINANCIER

DE 1789 ET DE 1889

C'est un déficit de quelques millions dans les finances qui a servi de prétexte et de point de départ au grand mouvement de 1789 dont on se prépare à célébrer si bruyamment l'anniversaire, et bien que la question budgétaire ait été reléguée au dernier plan dans les préoccupations des premières Assemblées révolutionnaires, elle n'a pas tardé à exercer une influence décisive sur le sort de la première République. Les lois du maximum, les emprunts forcés, les assignats et le tiers consolidé, la misère et la famine qui furent la conséquence fatale de ces mesures absurdes et violentes ont contribué tout autant que les sanglantes hécatombes de la Terreur à dégoûter la nation du régime que la Révolution avait prétendu lui imposer.

C'est également cette même question financière, un peu oubliée au milieu du tapage des discussions parlementaires et des préoccupations de la campagne Boulangiste, qui domine aujourd'hui toute la situation politique de la France.

Le siècle qui a débuté par une banqueroute colossale de 48 milliards va-t-il finir par une autre banqueroute de 35 à 40 milliards? on peut le craindre en présence d'une politique financière qui consiste à grossir chaque année la dette publique d'un déficit de 600 à 700 millions, et il n'est pas sans intérêt de refaire le bilan comparé des deux époques pour attirer sur ce point l'attention publique et empêcher des désastres irrémédiables.

Le budget de 1889 ressemble à celui de 1789 en ce que, comme lui, il se solde par un déficit considérable, mal dissimulé par des artifices de trésorerie qui prouvent un degré de civilisation plus avancé. En 1889 comme en 1789, il existe une dette publique énorme pour laquelle aucun amortissement n'est assuré ; mais il faut constater entre les deux situations des différences capitales.

En 1789, il existait un déficit de 56 millions environ, chiffre inquiétant pour l'époque, et la dette publique atteignait 2 milliards et demi.

En 1889, le déficit des onze dernières années dépasse 2 milliards et demi, soit une moyenne annuelle de 6 à 700 millions.

La dette publique nécessite une annuité de 1.306 millions représentant au taux actuel de la rente 32 milliards de capital.

Voilà ce qui apparaît au premier coup d'œil ; mais quand on veut entrer dans les détails on constate bien vite que la situation en 1789 n'avait rien d'effrayant et que Necker avait raison quand il disait dans son exposé : « Sans impôts et avec « de simples objets inaperçus on peut faire disparaître un « déficit qui a fait tant de bruit en Europe. »

Il était facile de trouver dans le budget lui-même mieux aménagé la somme qui manquait ; les dépenses n'avaient rien d'excessif, et si les recettes étaient insuffisantes, du moins les impôts n'avaient pas atteint leur maximum.

Le déficit provenait surtout de vices de perception, et d'abus qu'il était facile de faire disparaître.

Au nombre de ces abus figurait le nombre énorme des exemptions ; c'était un des vices de l'ancienne administration, mais ces exemptions ont été en général bien mal appréciées par les détracteurs de l'ancien régime.

Certaines exemptions s'imposaient, elles rentraient dans le système financier de l'époque. Ainsi les 3 milliards de biens ecclésiastiques ne pouvaient être soumis à l'impôt, car ils n'étaient pas le patrimoine du clergé, mais la dotation des services publics qui lui étaient confiés.

Avec cette dotation, il était pourvu à toutes les dépenses actuellement portées au budget des cultes : entretien et construction des églises, des maisons curiales, des séminaires et maîtrises, etc., ainsi qu'aux traitements de tous les desservants des paroisses, et du clergé séculier et régulier.

En outre, aux termes des actes de donations une très grande partie de ces biens était spécialement affectée à l'entretien de collèges, d'écoles, d'hôpitaux, etc., et c'était sur les revenus de ces biens qu'étaient prélevés en fait plus des trois quarts de la somme de 20 millions consacrée annuellement à l'Instruction publique.

Nous n'essaierons pas de nier certains abus, auxquels il aurait d'ailleurs été facile de remédier de concert avec l'autorité ecclésiastique; mais pour qui veut examiner impartiale-ment la question, on voit que ces biens étaient grevés de telles servitudes perpétuelles qu'une bien faible partie reve-nait au clergé. La plupart des desservants n'auraient pu vivre sans les ressources du casuel.

Imposer ces biens c'était diminuer d'autant le budget des Cultes, de l'Instruction publique et de l'Assistance publique.

Pour les biens nobles la question est plus complexe. Sans doute, en se reportant aux titres primitifs, on pouvait soutenir que leurs possesseurs, astreints non seulement au service militaire personnel, mais à l'entretien d'un certain nombre d'hommes d'armes, obligés de pourvoir à leurs frais au bon fonctionnement des juridictions de haute et basse justice, tenus de certaines obligations pour l'entretien des routes et ponts, payaient plus que tous autres leur quote-part des dépenses publiques. Mais les empiètements successifs de l'ad-ministration royale sur les droits de la noblesse avaient peu à peu réduit ces charges, et au XVIII° siècle l'exemption des terres nobles pouvait ne plus sembler justifiée au même degré.

Ces propriétés n'étaient pas moins sacrées que toutes les autres et nous n'avons pas un seul instant la pensée de justi-fier la spoliation commise par la Révolution; mais cependant, au point de vue financier, terres nobles et biens ecclésias-tiques pouvaient sous certains rapports être considérés comme une partie du domaine public et leurs possesseurs n'étaient que des usufruitiers perpétuels, grevés de lourdes servitudes et remplissant une sorte de service public.

Ces exemptions-là ne causaient au Trésor aucun préjudice, mais il n'en était pas de même des exemptions que certaines personnes dont le nombre allait toujours croissant se faisaient accorder, soit par la faveur royale, soit par l'achat de certaines charges. Ces exemptions s'étaient multipliées par suite du système de la vente des charges et des offices, un des pires expédients qu'eussent inventé les financiers de la monarchie. Moyennant le paiement d'une somme assez faible beaucoup de riches propriétaires obtenaient l'exemption des impôts et ils réussissaient souvent à faire bénéficier leurs héritiers de ce privilège.

Sur ce point une réforme était nécessaire; tout le monde le reconnaissait, et nous ajouterons qu'elle était facile et ne rele-vait que de l'ordre administratif, car elle n'entraînait aucune question constitutionnelle et ne touchait pas à l'organisation sociale.

Turgot et les Assemblées provinciales avaient déjà commencé avec succès cette œuvre qui eût certainement été menée à bien en quelques années sans la légèreté de Calonne, l'incapacité de ses successeurs et l'esprit étroit et sectaire de Necker.

Mais ce n'était là qu'une des causes de déficit. Le système des fermes et des traitants entraînait de plus graves inconvénients. La gabelle et les douanes intérieures étaient dénoncées par tous les économistes comme un obstacle au développement des affaires.

La comptabilité publique était défectueuse, sur beaucoup de points le contrôle était nul et impossible. Les impôts nouveaux établis depuis Louis XIV étaient vexatoires, mal établis et encore plus mal perçus. L'argent prélevé sur les contribuables n'entrait pas toujours dans les caisses de l'Etat.

Enfin il faut ajouter que le crédit de l'Etat avait été compromis par 5 ou 6 faillites ou réductions de rentes dues aux fautes des ministres de Louis XV et de Louis XVI.

Mais en dépit de tant de causes de ruine, la fortune publique n'était pas atteinte dans ses sources; s'il y avait des souffrances partielles, l'ensemble du pays jouissait sous le règne de Louis XVI d'une prospérité que la France n'avait jamais connue, dont le souvenir s'est conservé dans toutes les vieilles familles de la bourgeoisie et qui s'affirme avec éclat quand on étudie les négociations et les résultats du traité de commerce conclu avec l'Angleterre en 1786.

Le système financier de l'époque contenait en lui-même le contre-poids nécessaire.

Comme nous l'avons vu, à côté d'une dette de 2 milliards et demi il existait une réserve immobilière de plusieurs milliards, réserve qui servait à assurer sans le secours de l'impôt plusieurs des grands services publics.

A combien s'élevait cette réserve que la Révolution a detournée de son affectation primitive et qu'elle s'est appropriée ? Nous pouvons facilement nous en rendre un compte assez exact, puisque tous ces biens ont été confisqués par l'Etat et vendus par lui.

De nombreux documents attestent le nombre et l'importance de ces propriétés qui ont reçu le nom de *biens nationaux*. Johannot et Ramel les ont évaluées à 16 milliards, et M. Louis Blanc a accepté ce chiffre dans son histoire de la Révolution. Mais cette évaluation est évidemment exagérée. Ces biens ont été pour la plupart payés en assignats, et la dépréciation du papier-monnaie fait qu'il faut singulièrement réduire les chiffres portés aux procès-verbaux d'adjudication. Il ne faut pas oublier aussi que les financiers de la Révolution qui avaient émis sur ce gage pour 48 millions d'assignats étaient naturellement portés à en exagérer la valeur réelle dans leurs rapports officiels.

Nous croyons devoir adopter les chiffres donnés par M. Stourm dans son savant ouvrage sur les *finances de l'ancien régime et de la Révolution*. Se basant sur un rapport de Montesquiou à l'Assemblée législative et sur la liquidation faite sous la Restauration, il fixe à 3 milliards et demi les biens du clergé et à 2 milliards et demi les biens des émigrés, des corporations et des condamnés.

Beaucoup des biens de la deuxième catégorie, la majorité même, étaient des terres nobles, grevées de charges, de rentes en faveur d'écoles, d'hospices et d'établissements publics ; il nous semble donc qu'on peut porter à 4 milliards au moins la masse des immeubles composant la dotation des services publics et constituant ce que nous avons appelé la réserve du budget.

Aussi le bilan de 1789 pourrait s'établir ainsi : 2 milliards et demi de dette publique, gagée sur une réserve de 4 milliards de biens dont les revenus servaient à décharger le budget d'une partie des charges qu'il supporte actuellement, et cette réserve que la piété prévoyante de nos pères accroissait sans cesse constituait une sorte d'amortissement dont il est impossible de ne pas tenir compte.

La Constituante, loin d'avoir à liquider une faillite, se trouva donc en présence d'un actif supérieur de plusieurs milliards au passif dont on a tant parlé, et nous ne pouvons mieux faire que de citer l'appréciation de M. Stourm : « En dehors des impôts, au delà des taxes régulières ou extraordinaires, la Révolution a absorbé ou confisqué 5 milliards 700 millions. »

L'ancien Régime avait laissé une succession un peu embrouillée, mais le xix° siècle venait au monde avec une fortune nette de plus de 3 milliards qui représenterait aujourd'hui une valeur presque triple. Au lieu d'avoir à supporter comme aujourd'hui un chiffre d'arrérages de la dette publique s'élevant à 1.306 millions, la Révolution, en liquidant sagement cette fortune et en administrant honnêtement le produit de ses vols, aurait pu inscrire en tête de son premier budget, au premier chapitre des recettes, un revenu annuel de 150 millions au moins.

Un pareil héritage mérite bien la reconnaissance des successeurs.

Les assemblées révolutionnaires n'ont pas su tirer parti de cette fortune, elles ont laissé dès le début leurs partisans les moins scrupuleux s'emparer de ces magnifiques domaines qui furent payés en monnaie républicaine, c'est-à-dire en assignats. La ruine publique devint une source de fortune pour quelques centaines d'individus. Rien de plus instructif à ce sujet que les rapports de Ramel, de Cambon, de Clavière, etc. Le désordre effrayant et l'absence de toute comptabilité ne permettent à ce sujet aucun contrôle. Pendant plus de 10 années, il n'y eut rien qui ressemblât à un budget ; on vivait sans compter en émettant des assignats. Ramel est le premier qui ait tenté en l'an VI de faire un compte rendu des finances, encore ne s'agissait-il que d'un aperçu des dépenses.

Après le 18 brumaire, Gaudin, devenu ministre des finances du nouveau Régime, put dire sans exagération qu'il n'existait réellement plus de vestiges des finances en France.

Mais le désordre n'était pas seulement apparent, les Jacobins avaient tout gaspillé et tout compromis, et leur gestion se termina par une catastrophe. Le 16 pluviose an V (4 février 1797), une loi vint annuler tous les billets d'Etat en circulation, assignats et mandats territoriaux réunis montant ensemble à plus de 35 milliards, faisant ainsi la plus immense faillite dont l'histoire du monde ait conservé le souvenir.

Ce sacrifice ne suffit même pas, et pour créer le grand livre de la Dette publique, il fallut encore recourir au déplorable expédient du tiers consolidé, nouvelle faillite de 1 milliard 900 millions qui passa presque inaperçue au milieu de l'immense banqueroute causée par la démonétisation du papier.

Ainsi la spoliation des biens du clergé, des biens des corporations, des biens des émigrés, n'eut pour l'Etat aucun résultat ; à la place de l'ancienne réserve immobilière qui assurait le bon fonctionnement d'une partie des services publics, il resta un budget grevé de charges nouvelles, supportant seul toutes les dépenses des cultes, de l'instruction publique, de l'assistance publique. L'Etat, au lieu d'avoir une *créance privilégiée* contre certains possesseurs du sol, devint débiteur de certains créanciers privilégiés.

Il en souffrit cruellement, mais les services qu'il s'était chargé de soutenir et d'alimenter en souffrirent plus encore.

Le Concordat de 1801 régla, il est vrai, dans une certaine mesure la dette de l'Etat vis-à-vis du clergé catholique, mais l'instruction publique fut presque anéantie pendant de longues années. Elle perdait en revenus et en propriétés une dotation de près de 20 millions ; elle se voyait dépossédée de tous les biens appartenant à des congrégations enseignantes. M. Albert Duruy a pu dire justement :

« Les titres sur lesquels reposait depuis tant d'années la fortune des écoles, étaient anéantis ; détruit aussi le patrimoine qu'elles tenaient de la munificence des princes, des évêques, de quelques grandes maisons, en partie même de leurs propres membres, et qu'elles avaient lentement accru. Toutes ces fondations dues pour la plupart au sentiment chrétien allaient se perdre dans le gouffre où tant d'autres richesses avaient déjà disparu. »

Il pourrait être intéressant de rechercher comme l'a fait en Angleterre Disraeli, d'étudier quelle influence a pu avoir sur la direction de la politique sociale cette immense spoliation qui inaugure si tristement le XIXᵉ siècle. Dans des pages inoubliables, le grand ministre anglais a montré quelle avait été la politique des grandes familles anglaises enrichies de la dépouille des biens ecclésiastiques. Il a signalé l'habileté avec laquelle les nouveaux possesseurs ont su exonérer complètement ces biens des charges qui les grevaient et la profonde stratégie suivie par eux pour reporter ces charges sur les classes laborieuses à qui ce patrimoine était destiné.

Il a cru trouver l'origine des lois sur le paupérisme, dans la haine intelligente de ces usurpateurs contre tout ce qui pouvait menacer leur propriété. C'est ainsi du moins qu'il explique les lois contre les communautés, contre les corporations et contre toutes les associations pouvant prétendre reconstituer une propriété collective.

Le caractère commun des deux Révolutions accomplies en France et en Angleterre, est la haine contre l'Eglise et les prohibitions édictées contre les biens de mainmorte.

*
* *

L'Etat, en prenant les biens de l'Eglise et des corporations, s'était particulièrement basé sur les abus trop réels que le temps avait fait naître. Les orateurs de la Constituante n'avaient pas manqué de faire ressortir que les titulaires remplissaient mal le but que s'étaient proposé les donateurs ; qu'ils détournaient à leur profit une trop grande part des revenus de propriétés qui faisaient partie du domaine national. En les faisant rentrer complètement dans le domaine de l'Etat, ils prétendaient que l'Etat saurait les gérer plus économiquement et répartirait d'une manière plus intelligente et plus conforme au bien public le produit de ces dotations.

Nous venons de voir comment ce tuteur modèle a laissé disparaître entre ses mains inhabiles le patrimoine de ses pupilles.

Il n'est donc pas surprenant qu'effrayé de l'étendue des charges qu'il avait assumées il n'ait pu remplir que bien incomplètement ses obligations.

Qu'a fait la Révolution pour l'Instruction publique? Les travaux de MM. Villemain et Duruy ont déjà fait la lumière sur ce point, mais les articles tout récents de M. Taine ont achevé de rendre la vérité éclatante pour tous. On ne peut plus contester que la Révolution qui avait trouvé l'Instruction publique dotée de revenus annuels de plus de 20 millions, n'ait su que détruire l'Enseignement populaire.

Il a fallu M. Guizot et la loi de 1833, M. de Falloux et la loi de 1850, pour rendre à la France une situation à peu près égale à celle de 1789.

Si on fait entrer en ligne de compte les revenus des Congrégations enseignantes et la différence entre la valeur de l'argent, il est possible de démontrer que le chiffre énorme consacré actuellement à l'Instruction publique, si considérable qu'il paraisse au budget, est à peine égal à celui de 1789; mais ce qui fait la différence c'est qu'il est tout entier demandé à l'impôt.

Nos politiciens actuels, qui se vantent tous les jours d'avoir créé un service où tout était à faire, ne font que constater le trouble profond causé par la Révolution et nous savons ce qu'il nous en coûte pour avoir voulu rétablir la gratuité qui était la règle avant 1789.

Nous n'avons rien à dire de l'Assistance publique. M. Taine a éloquemment raconté cette lamentable histoire. M. Floquet, Président du Conseil, est venu tout récemment avouer à la tribune qu'après un siècle tout était encore à réorganiser.

Sans les ressources inépuisables de la charité privée, l'enfance délaissée et la vieillesse resteraient sans asile. L'assistance publique et les hôpitaux sont l'objet de justes critiques, le service des enfants assistés est organisé dans des conditions qui sont une honte pour une nation chrétienne.

Rien ne remplace pour les travailleurs les institutions de prévoyance et d'assistance qui existaient dans toutes les corporations; les lois que le Parlement discute en ce moment cherchent à remplir une lacune dont les ouvriers souffrent depuis un siècle.

Au lieu de la dotation que la libéralité des générations successives avait amassée et qui constituait réellement le patrimoine des pauvres; au lieu de ces belles propriétés dont M. Taine racontait hier encore le pillage, les gouvernements modernes ont dû rétablir sous le nom d'octroi de bienfaisance les douanes intérieures supprimées par Louis XVI. Les pauvres doivent prélever une lourde dîme sur leur alimentation pour subvenir aux dépenses de ces Hôtels-Dieu et de ces dispensaires si riches dans le passé. Ils contribuent pour une large part à créer les fonds qui alimentent cette aumône officielle qu'on leur distribue si parcimonieusement et avec tant de mauvaise grâce; trop heureux, si la plus grosse partie de ces octrois ne passe pas en subventions théâtrales ou en dépenses de ce genre.

Nous avons dit que pour ce qui concerne les cultes, l'indemnité avait été réglée par l'acte international de 1801. Est-il besoin de rappeler les réductions faites chaque année sur ce chapitre qui ne passe dans les Chambres républicaines qu'à une faible majorité.

L'Etat remplit mal ses engagements et il ne les remplit qu'en surchargeant le budget.

Malgré toute la parcimonie apportée dans la dotation des services que nous venons d'énumérer, il est certain que le budget de la France plie encore aujourd'hui sous cette charge additionnelle qui n'existe pas chez la plupart des autres peuples. Toute la politique économique de ce siècle a consisté de la part des ministres à dissimuler en partie la charge qu'il fallait faire supporter au pays, et pour cela on a réduit le plus possible la part incombant au présent en grevant l'avenir. Avec le régime parlementaire peu de ministres osent venir proposer des impôts nouveaux, les majorités se refusent à les voter, il en résulte que les budgets modernes sont constamment en déficit et que pour les boucler on a sans cesse recours à l'emprunt.

La science financière a inventé différents mots pour masquer ce qu'un pareil système peut avoir de choquant. On a créé les budgets extraordinaires, les caisses spéciales, les comptes de liquidation, les fonds de concours, mille procédés ingénieux de comptabilité qui se réduisent à ceci : emprunter à long terme, et au lieu du capital n'inscrire au budget que la faible somme qui représente les intérêts.

C'est ainsi qu'on est arrivé à accumuler une dette de 35 milliards qui pèse actuellement sur notre budget.

Cette dette colossale mérite qu'on l'étudie un peu plus en détail dans ses différentes parties. Nous empruntons les chiffres suivants à un écrivain peu suspect, M. Chailley, qui les a fait paraître dans la *République Française* du 30 décembre 1888.

Dette consolidée	22 milliards		
Amortissable, 3 0/0	3	—	283 millions.
Dette remboursable par annuités .	3	—	717 —
Dette viagère.	2	—	180 —
Dette flottante	1	—	
Emprunts départementaux ou communaux	3	—	500 —
	35 milliards	680 millions.	

Cette évaluation est acceptée à peu de chose près par MM. Stourm, Buffet et Paul Leroy-Beaulieu. « Une dette de 35 milliards, des budgets annuels de 4 milliards, tel est le bilan de notre passif, ajoute M. Chailley en terminant son article.

Chaque année, depuis trois ans, le budget se solde par un déficit de 500 à 600 millions.

De 1885 à 1889, pendant la durée de la dernière législature, en pleine paix, on a dû emprunter directement ou indirectement 3 milliards 240 millions (chiffre donné par M. le comte de Luçay). Le déficit prévu pour le budget de 1890 dépasse déjà 540 millions, sans compter les crédits supplémentaires qui pourront être votés au cours de l'exercice.

A l'exception des 3 milliards de 3 0/0 amortissable qui ont déjà été amortis de 121.716.000 fr. et de la dette communale et départementale, aucun amortissement n'est prévu dans les budgets votés dans ces dernières années.

On a même dû renoncer à rembourser les obligations à court terme qui viennent à échéance. En 1888, 100 millions venaient à échéance ; on en a remboursé 15 millions, et pour le reste on a dû émettre des obligations nouvelles.

Au budget de 1890, on n'a pu inscrire qu'une somme totale de 5.800.000 fr. pour le remboursement des 100 millions venant à échéance.

Et cependant on propose d'émettre, pour solder le budget extraordinaire de la guerre, pour 180 millions d'obligations nouvelles absolument semblables à celles qui ont été précédemment émises en 1877 pour la liquidation de la Caisse des écoles et de la Caisse des chemins vicinaux.

En présence de cette dette énorme, quel est l'actif, quelles sont les ressources du pays ?

Les orateurs de la majorité ont coutume, après avoir constaté cette situation, de finir par une tirade ronflante sur les résultats obtenus, et M. Chailley que nous venons de citer n'a eu garde de manquer à cette tradition. « Notre outillage militaire et industriel, dit-il, approche de la perfection ; les chemins de fer, les postes, les télégraphes rendent à des populations plus nombreuses des services plus variés ; le corps grossissant de nos fonctionnaires est mieux rétribué ; enfin, malgré une crise économique sans précédents, les impôts rentrent avec exactitude. »

Il suffit, pour montrer combien cette dernière assertion est peu exacte, de citer un passage de l'exposé des motifs du Budget qui explique qu'à l'art. 25 on relève de 1 à 2 centimes 1/2 la quotité des centimes additionnels imposés annuellement dans les rôles des contributions directes depuis 1872, pour la formation du fonds des non-valeurs sur la contribution foncière.

« Ce relèvement, dit le Ministre, est motivé par l'*accroissement* qui s'est produit depuis quelques années dans le montant dés dégrèvements prononcés sur la contribution foncière en faveur, soit de contribuables victimes de sinistres ou de fléaux de toute nature, et particulièrement du phylloxera, soit de propriétaires de maisons vacantes ou d'usines en chômage, etc. Le fonds de non-valeurs présente en effet, à raison de diverses circonstances, une insuffisance annuelle de 1.351.270 fr. en moyenne. »

On voit que la réalité ne répond pas aux illusions des littérateurs républicains.

A un autre point de vue, on pouvait considérer comme une réserve pour les budgets futurs et comme un moyen d'amortissement à date assez prochaine, notre réseau de chemins de fer qui, d'après les conventions primitives, devait faire retour à l'Etat, à l'expiration de la durée de la concession.

La garantie d'intérêts et certains travaux exécutés par l'Etat constituaient le Trésor créancier vis-à-vis des compagnies de 500 à 600 millions. On pouvait espérer que, la concession finie, l'Etat se trouverait propriétaire du réseau et pourrait payer une partie du matériel avec sa créance contre les compagnies.

Il y avait là une réserve de plusieurs milliards que les conventions de 1883 ont malheureusement en grande partie fait disparaître.

Déjà 540 millions, dette des compagnies, ont été employés par les compagnies pour compte de l'Etat à l'exécution du plan Freycinet, et l'Etat a fait avancer par elles, à valoir à sa créance future, des sommes qui dépassent un milliard.

Pour peu que cela continue quelques années, l'Etat, devenu débiteur des compagnies, se verra obligé de réclamer lui-même la prolongation de la concession.

A-t-il du moins par ses sacrifices accru la richesse commerciale et agricole de la France ? Il n'y en a guère apparenceen présence de la crise agricole et industrielle qui sévit depuis quelques années et qui a entraîné tant de ruines.

D'ailleurs le gouvernement, après avoir tracé un programme grandiose, a dû s'arrêter, faute d'argent, avant d'en avoir exécuté la moitié.

9.000 kilomètres de chemins de fer, 555 kilomètres de canaux, voilà ce qui a été fait, alors qu'on avait promis 21.000 kilomètres de chemins de fer et 10.000 kilomètres de voies navigables.

Comme résultats financiers, depuis l'ouverture des nouvelles lignes, les recettes des chemins de fer français sont tombées de 1.103.000.000 de fr. à 1.008.000.000 de fr., et la garantie d'intérêt menace d'atteindre 100 millions.

Pour achever les travaux commencés, il a fallu absorber jusqu'en 1906 toutes les ressources du Budget. Pendant 15 ans les 170 millions qui composent actuellement la dotation des travaux publics seront presque entièrement absorbés par le paiement des annuités dues pour rembourser les avances faites par les départements ou les chambres de commerce. Il restera à peine, à partir de 1896, dix à douze millions par an à consacrer à des travaux neufs. Pendant 15 ans, la vie économique du pays sera comme suspendue.

On a voulu justifier ce système et dire qu'il y avait certaines dépenses productives qui augmentent le patrimoine national et qui sont appelées à faire la fortune des générations à venir ; qu'en conséquence il est juste de faire retomber une partie de la dépense sur ceux qui sont appelés à en bénéficier. L'argument est spécieux, mais les faits ont malheureusement donné à la théorie un démenti brutal. En effet, parmi les différents éléments de la dette, il y a un milliard dépensé sous la Restauration pour l'achèvement du réseau des routes nationales et des voies navigables. A coup sûr ces travaux devaient profiter à plusieurs générations. Cependant trente ans s'étaient à peine écoulés que le réseau des routes nationales était en partie abandonné, et qu'on était appelé à faire de nouveaux sacrifices pour la création des réseaux de chemins de fer. Sans doute les chemins de fer ne seront pas encore terminés avant que de nouvelles inventions viennent apporter de nouvelles modifications dans l'industrie des transports.

Pareille chose arrive pour les ports que les exigences du commerce moderne obligent à transformer presque régulièrement tous les trente ou quarante ans.

Mais c'est surtout pour les questions militaires que le changement continuel est à l'ordre du jour. On avait trouvé bon de mettre à la charge de l'emprunt les énormes dépenses de la reconstitution du matériel de guerre; on pouvait croire que, comme cela avait lieu jadis, une fois le matériel refait, on en avait pour un demi-siècle; mais on avait compté sans les progrès de la science. Combien de modèles de fusil ont été successivement adoptés depuis le type du chassepot employé lors de la dernière guerre? Combien de temps durera ce fusil Lebel dont on hâte fiévreusement la fabrication?

Quels seront les canons de demain et quelle substance diabolique viendra détrôner la mélinite? Nous l'ignorons, mais ce que nous pouvons prédire à coup sûr c'est que dans quelques années le fusil Lebel ne se retrouvera plus qu'au fond des arsenaux où il sera l'objet de l'étude de quelques savants spécialistes.

Dans ces conditions est-il juste de faire supporter aux générations à venir des dépenses dont elles n'auront pas profité?

On s'est toujours préoccupé de cette situation et tous les gouvernements réguliers ont cherché à amortir la dette.

Nous avons vu de nos jours les Etats-Unis amortir en moins de vingt ans l'énorme dette résultant de la guerre de Sécession.

L'Angleterre a également amorti dans une grande mesure.

La Restauration et la Monarchie de Juillet avaient créé des caisses d'amortissement et fait de grands efforts pour réduire le chiffre de la dette inscrite.

Mais tout cela a été inutile, les Révolutions successives ont toutes augmenté ce chiffre.

En 1870, la dette atteignait le chiffre de 15 milliards. Les malheurs de 1870 la portèrent à 22 milliards.

En 1889, la dette est de 32 milliards en capital exigeant une annuité de 1.306 millions.

Ainsi, après 18 années de paix, le gouvernement de la République a augmenté la dette nationale de plus de 9 milliards, dépensant ainsi chaque année 600 à 700 millions de plus que le revenu normal.

C'est cette moyenne qui s'est encore maintenue pendant la dernière législature.

Chaque exercice s'est réglé par un déficit réel de 600 à 700 millions. Le déficit de 1890 atteindra encore un chiffre supérieur à 500 millions.

Et cela, malgré des efforts réels pour mettre un terme au déficit, pour arrêter les dépenses, sous la pression de l'opinion publique et des critiques de la minorité. Tous les chapitres ont été soumis à une révision sévère. Les travaux publics ont été presque partout arrêtés, et ce budget qui avait atteint, en 1883, 700 millions, a été réduit à 170 millions.

L'Etat laisse dans un *statu quo* pénible les instituteurs, les anciens retraités ; il cherche à économiser sur les retraites, sur les petits traitements ; il réduit au minimum la maigre solde des cantonniers et des petits employés qui, dans certains ministères, se sont vus privés des gratifications annuelles.

Tout est inutile, le flot monte sans cesse et il est impossible de prévoir quand il s'arrêtera.

La liquidation du siècle s'annonce sous de mauvais auspices ; et nos fils, après avoir accepté la succession sous bénéfice d'inventaire, pourront bien finir par la refuser.

La troisième République se voit déjà menacée d'une banqueroute finale, et on peut calculer mathématiquement la date à laquelle les arrérages de la dette doublée finiront par absorber toutes les recettes.

Et cette banqueroute aurait des conséquences autrement graves que celle de 1797 ; car les conditions d'existence de la société ne sont plus les mêmes.

Tout notre édifice social est équilibré sur le crédit de l'Etat ; l'Etat venant à manquer, tout croule : la Banque de France, qui se trouve déjà engagée dans les finances gouvernementales, et qui entraînerait avec elle la monnaie fiduciaire de la France ; le Crédit Foncier, dont le portefeuille rempli de créances sur les communes et les départements se trouverait sans valeur, et qui verrait ses obligations dépréciées comme les anciens mandats territoriaux. La propriété foncière, grevée d'hypothèques et en grande partie mobilisée par les établissements de crédit, se trouverait menacée d'une expropriation générale ; tandis que l'épargne publique, aujourd'hui malheureusement centralisée par les Caisses d'Epargne dans les coffres de la caisse des Dépôts et consignations, ne se trouverait plus représentée que par des titres de rente dépréciés.

Quelle différence avec les banqueroutes partielles de Terray et de Loménie de Brienne, qui n'atteignaient qu'un petit nombre de spéculateurs et de rentiers !

Il faut tout faire pour prévenir une telle catastrophe, et il est encore possible de l'empêcher. Mais pour cela il faut renoncer aux errements suivis, profiter de l'expérience du passé et de l'exemple des autres nations.

Tout le mal vient du socialisme d'Etat, qui, à l'insu de beaucoup d'hommes d'Etat, domine de plus en plus la politique économique.

L'Etat prétend tout absorber et tout alimenter. Il ne peut suffire à ce rôle, il remplit mal sa fonction de Providence et dissipe en frais de transmission une partie de l'argent qu'il prend.

Cela n'est plus à démontrer après les remarquables articles de tant d'Economistes, de M. P. Leroy-Beaulieu, de MM. Bourde, Claudio Jannet, etc...

Une fois le mal bien reconnu, le remède est connu aussi. Il faut prendre le contre-pied des tendances actuelles et faire les réformes administratives dans le sens de la Décentralisation et de la Liberté.

Et quand nous parlons de réformes nous n'entendons pas qu'il faille faire table rase, faire brèche à notre système financier, et substituer aux impôts actuels je ne sais quels impôts imaginés dans les discussions des écoles par des théoriciens plus ou moins compétents.

Comme M. Amagat, nous estimons que, dans la situation actuelle de nos finances, avec les éventualités dont nous sommes menacés, il faut porter une main prudente et craintive sur le mécanisme de notre budget.

Les réformes dont nous parlons peuvent se faire administrativement, sans qu'il soit besoin de lois nouvelles, par de simples circulaires ministérielles.

Le pouvoir législatif n'aurait à y intervenir que par le vote d'une loi vraiment libérale sur les associations, et par l'abrogation de certaines dispositions récentes que tous les esprits réfléchis ont déjà condamnées.

Pour les travaux publics, il suffit de renoncer au système

ruineux et absurde de la gratuité absolue qui fait que nous faisons payer indirectement par les contribuables français 60 à 70 millions de subventions au commerce étranger. Il faut arriver à faire payer les transports par ceux qui en usent, en renonçant à des tarifications absurdes, et revenir pour les chemins de fer au système Franqueville.

Faire rembourser, capital et intérêts, les travaux des ports par ceux qui s'en servent, et permettre à nos chambres de commerce d'appliquer les mêmes tarifs qu'en Angleterre.

Renoncer à l'expérience onéreuse et mauvaise de l'exploitation des chemins de fer par l'Etat.

Voilà trois réformes qu'un Ministre peut faire en quelques mois dans son cabinet et qui allégeraient le budget de plus de 150 millions dès le début, tout en donnant un nouvel essor à nos travaux publics ; nous pouvons déjà constater que le Ministère des Travaux Publics mis en demeure par une proposition émanant de 45 membres de la droite, a fait un premier pas dans cette voie.

Ce qu'on a tenté pour les Travaux Publics, il faut l'appliquer aux autres chapitres du budget. Donner à chaque service une certaine autonomie et créer l'amortissement par chapitre. On y arrivera en France, comme on y arrive dans les autres pays, par une législation libérale, assurant à l'Instruction publique, aux Cultes, à l'Assistance publique des dotations et des ressources spéciales. Avant peu la générosité publique aurait grossi cette dotation dans des conditions qui permettraient de réduire la subvention inscrite au budget, et les ressources croîtraient sans cesse en même temps que les besoins. Est-ce une utopie ? Voyez ce qui se passe aux Etats-Unis. L'enseignement supérieur y existe plus complet et plus richement doté que partout en Europe sans qu'il en coûte un sou à l'Etat. On y voit le collège de Yale posséder un revenu de 6 millions et demi, et l'Université de Cambridge vivre avec une fortune de plus de 11 millions. Mais en dehors de cela, l'enseignement populaire y jouit d'une dotation annuelle de 450 millions, presque entièrement assurée sans l'aide du budget fédéral, et avec un assez faible contingent des Etats et des communes, grâce aux revenus des terres affectées à ce service.

Il est vrai qu'on ne connaît pas encore dans ce pays l'art. 7 et les lois existantes, et que, sur 290 Universités, il existe 39 Universités catholiques, sans parler des grands collèges de Jésuites de New-York, de Saint-Louis, de la Nouvelle-Orléans, etc.

Ce qui existe aux Etats-Unis est-il impossible en France ? qu'on se rappelle le nombre de collèges et d'écoles fondés sous l'empire de la loi de 1850 et qui donnent encore l'enseignement à plus de la moitié de la population scolaire. La persécution seule et le bras séculier ont pu arrêter leur développement.

M. Paul Leroy-Beaulieu signalait, dans un article récent, les 15 millions réunis en peu d'années pour l'établissement d'une seule université catholique ; il citait l'Ecole Centrale, l'Ecole Monge, l'Institut Pasteur et tant d'autres créations qui prouvent que la source des libéralités n'est pas tarie en France.

En modifiant notre législation en matière d'enseignement, dans le sens indiqué par MM. de Mackau et Keller, on supprimerait une des causes du déficit et on pourrait encore réaliser à bref délai de grosses économies.

Avant un demi-siècle, ce service aurait reconstitué une dotation suffisante pour assurer une partie de son fonctionnement.

Faut-il insister sur l'état de l'Assistance publique et sur les réformes administratives à prendre pour intéresser de nouveau les citoyens au sort de ses établissements et attirer sur eux des legs et des donations?

La fondation de tant d'hospices privés, d'orphelinats, d'ouvroirs, d'asiles pour la vieillesse prouve que la charité chrétienne est inépuisable et que, le jour où l'Etat voudra accepter son concours, il pourra bientôt se reposer complètement sur elle.

Reste un autre chapitre du budget qui va grossissant dans une proportion effrayante la dette viagère : les pensions civiles. D'où vient le mal, sinon de la loi de 1853, loi de centralisation à outrance qui, en fusionnant de force des caisses pour la plupart prospères avec une gestion autonome, est arrivée à grever le budget d'une charge sous laquelle il succombe ?

Le remède est simple : abrogation de la loi de 1853 ; reconstitution des caisses de retraites dans chaque administration ; gestion par les intéressés : ils sauront bien s'imposer les sacrifices nécessaires pour s'assurer des retraites convenables.

Faut-il parler du budget des Cultes ? La question sur ce point est brûlante, car on touche au Concordat et à la séparation de l'Eglise et de l'Etat, et pourtant on peut dire sans témérité que la séparation de l'Etat et de l'établissement ecclésiastique pourrait se négocier d'un commun accord, et que l'Etat, en rétrocédant à l'Eglise envisagée comme personne civile les édifices du culte et leurs dépendances, en inscrivant au grand livre une annuité pour reconnaître le principe de l'indemnité due, pourrait arriver à faire disparaître progressivement de ses budgets le budget des Cultes, sans porter atteinte au sentiment religieux.

Grâce à cet ensemble de mesures, on peut arriver à arrêter la progression des dépenses et on peut espérer reconstituer, dans un délai peu éloigné, cette réserve et ces dotations dont la privation pèse si lourdement sur nos budgets modernes. Lorsque l'Etat sera déchargé de quelques-uns des services qui lui coûtent le plus cher, on pourra consacrer chaque année à l'amortissement de la dette des sommes assez fortes pour la ramener promptement à un chiffre moins effrayant.

La reconstitution de la propriété collective, la seule à laquelle puisse jamais prétendre l'immense majorité des travailleurs, n'aura pas seulement pour effet de soulager des souffrances individuelles ; elle portera un coup décisif aux doctrines socialistes qui veulent faire de l'Etat le propriétaire unique et universel. Les ouvriers, devenus propriétaires grâce à l'organisation corporative, s'attacheront à cette propriété commune avec autant d'ardeur et de passion que le paysan s'attache à la terre, et les apôtres du socialisme pourront impunément essayer de répandre leurs doctrines.

Cette réforme financière pourrait être le point de départ d'un grand mouvement de réorganisation sociale.

*
* *

Dans son remarquable travail sur les *Finances de l'Ancien Régime et de la Révolution,* M. Stourm caractérise sévèrement la gestion financière de la première République, et il ne craint pas d'écrire que « les Jacobins n'eurent d'autre programme que celui de vivre au jour le jour en dévorant les ressources du pays et en escomptant l'avenir », et il cite l'*Ami des Lois* du 15 Fructidor an VII, qui les jugeait ainsi :

« Ecoutez les Jacobins sur les Finances. Depuis qu'ils s'en « mêlent les impôts ne sont plus payés, les caisses sont « vides, les rentrées impossibles, les terres dépréciées et « sans valeur.....

« ...Il y a un arriéré de 180 millions sur les années antérieures à l'an VII. On leur répète qu'il faut nécessairement « varier et diviser les contributions, au lieu de charger exclu- « sivement les terres et de rendre les propriétaires insolvables.

« Ils sont sourds à ces vérités si simples ; ceux qui les énon-
« cent sont des chouans, des amis des rois. Voilà leur réponse
« la plus solide ! »

« Malheur au pays où la sottise domine ! »

Ne dirait-on pas cet article daté de 1889 ?

Le système financier des Jacobins leur a survécu ; il a malheureusement continué à peser sur tout le XIXe siècle. L'esprit
profondément chrétien et paternel de nos prédécesseurs les
avait portés, autant qu'il était en leur pouvoir, à dégrever
l'avenir et à alléger pour leurs enfants le poids des charges
publiques. La Révolution, au contraire, a produit un système
tout nouveau qui tend à décharger le plus possible le présent
et à reporter sur les générations futures tout le poids des
dépenses publiques. Nous pouvons constater les résultats
obtenus ; et, pour la seconde fois depuis cent ans, nous voyons
se rouvrir devant nous le gouffre de la banqueroute. Que
pourrions-nous ajouter ?

Bar-le-Duc. — Typ. de l'Œuvre de Saint-Paul, Schorderet et Cᵒ. — 1422